AF252969

42
Lb 400.

715.

QUELQUES MOTS

Sur le second Article de la Résolution du 19 Thermidor an V, relative au Mode de Paiement des Obligations qui, quoique d'une date postérieure au premier Janvier 1791, ont une origine antérieure à cette époque ; Résolution soumise en ce moment à la Discussion du Conseil des Anciens, et que la Commission, nommée pour l'examen, propose d'approuver, d'après le Rapport fait par le Représentant du Peuple PARADIS.

PAR SAINT - AUBIN, Professeur de Législation.

1797

QUELQUES MOTS

Sur le second Article de la Résolution du 19 thermidor an V, relative au Mode de Paiement des Obligations qui, quoique d'une date postérieure au premier Janvier 1791, ont une origine antérieure à cette époque ; Résolution soumise en ce moment à la Discussion du Conseil des Anciens, et que la Commission, nommée pour l'examen, propose d'approuver, d'après le Rapport fait par le Représentant du Peuple PARADIS.

TEXTE DE LA RÉSOLUTION.

ARTICLE PREMIER.

« SERONT acquittées en numéraire métallique, et
» sans réduction, les Obligations dont le Titre produit
» auroit une date postérieure au premier janvier 1791,
» ou à l'introduction des assignats et mandats dans
» les pays réunis, la Corse et les Colonies, lors-
» que ce Titre rappellera l'origine de la Créance,
» ou un Titre antérieur à l'une ou à l'autre de ces
» époques, ou qu'il sera dit *sans novation* ».

Cela peut se soutenir à la rigueur, parce que le texte même de l'Obligation prouve que telle étoit l'intention des Parties contractantes.

Art. II.

« Il en sera de même s'il est prouvé par d'autres
» écrits émanés du Débiteur, ou par son interroga-
» toire sur faits et articles, que le Titre est relatif à
» une Obligation contractée avant le premier Janvier
» 1791 ».

C'est ce second article dont je me propose de faire
voir l'injustice et les inconvéniens.

Je laisse de côté les argumens qui prouvent qu'il est
contraire aux principes de droit et de Jurisprudence
généralement reconnus. On les trouvera dans les ex-
cellentes Observations que le C. OLLIVIER, Homme
de Loi, vient de publier sur ce même article. Je me
bornerai aux réflexions que la lecture de cette dispo-
sition étrange peut suggérer à tout homme sensé, abstraction faite de la qualité d'Homme de Loi ou de Ju-
risconsulte.

Il est d'abord un fait constant, que depuis la créa-
tion des assignats, la valeur de ce papier a toujours
été en décroissant, à l'exception de quelques mois,
sous le régime de la terreur où toute valeur vénale de
presque tous les objets vendables dépendoit d'une taxe
que soutenoient la guillotine et les incarcérations.

Durant cette dépréciation continuelle, quelle étoit,
quelle pouvoit même être l'intention de tous les Prêteurs ?

De se défaire des assignats comme l'on pouvoit, en
les prêtant quand et à qui on pouvoit les prêter, et
aux meilleures conditions qu'on pouvoit obtenir, dans
l'espoir d'être remboursé en numéraire, lorsqu'il n'y
auroit plus d'assignats.

C'est cette intention des Prêteurs, fondée sur la mauvaise opinion qu'ils avoient du papier-monnoie, qui
à fait recourir aux billets à ordre à 2, 3, 4 et 5 années
de terme, parce que ces billets, par leur nature
même, ne pouvoient être remboursés avant leur
échéance que le Prêteur croyoit devoir arriver après la

chûte totale du papier-monnoie. C'est cette même défiance de la part des Prêteurs qui les a fait accueillir
avec empressement les Débiteurs qui voulussent re-
nouveller leurs Obligations , sur - tout lorsqu'elles
étoient surmontées de billets à ordre , tant pour le
capital que pour les intérêts. (1) Le Débiteur qui alors
offroit de rembourser , étoit aussi mal venu que celui
qui le refuse aujourd'hui , et la crainte des Créanciers
de ces tems de voir des fonds à leurs Débiteurs , étoit
égale à celle qui agite les Créanciers d'aujourd'hui que
leurs Débiteurs n'ent ayent pas. Le fait est si constant
et si notoire , que je ne crois pas que quelqu'un s'avise
de le contester. C'est même à cette défiance des Prêteurs qu'il faut attribuer la première origine du discrédit toujours croissant des assignats.

Mais pour que cette intention très-naturelle des
Créanciers d'être remboursés en écus , des Billets à
Ordre ou des Obligations renouvellées , ait quelqu'in-
fluence sur la nature et l'exécution du Contrat , il faut
que l'intention des Débiteurs , en signant ces Billets
ou Obligations renouvellées ait été également de se
soumettre à la condition plus qu'*Arabe* de garder les
assignats déja dépréciés du Prêteur , pour les lui rendre en écus valeur nominale , s'ils tomboient tout-
à-fait.

Je dis : *Les assignats du Prêteur* ; car , comme toute
Obligation renouvellée suppose l'échéance de l'ancienne , et qu'à cette échéance le Débiteur étoit le

---

(1) Beaucoup de Prêteurs , sous prétexte *de pouvoir rentrer plus fa-
cilement dans la totalité ou dans une partie de leur Capital* , se faiso ent
donner , outre l'Obligation du montant entier du Prêt , des billets
à ordre de sommes moindres ou de coupures dont la réunion équi-
valoit au Capital entier , et dont il étoit fait mention dans l'Acte.
Le but réel de cette manœuvre de procureur étoit d'éviter toute offre
de remboursement avant l'échéance , tout en conservant un Acte
qui emportoit sûreté hypothécaire. Car si on avoit offert le
remboursement de l'Obligation avant l'échéance , le Créancier auroit refusé par la raison très plausible qu'il avoit négocié les billets
à ordre qu'il ne pouvoit representer.

maître de rembourser le Créancier en assignats, l'Obligation renouvellée est un véritable nouveau prêt d'assignats de la part du dernier. C'est exactement comme
si le Débiteur eut remboursé en assignats, à dix heures
du matin, à son Créancier un billet échu de dix mille
livres, et que ce dernier lui eut reprêté les mêmes assignats une heure après contre un autre billet.

Je dis : La condition plus qu'*Arabe*, parce qu'en y
souscrivant, le Débiteur *recevoit ou gardoit* (ce qui,
comme je viens de le faire voir, est absolument syno-
nime) 100 mille liv. assignats, ne valant, je suppose,
que 40 mille livres écus, avec le risque plus que probable d'être obligé de rendre 100 mille livres écus, ou
plus du double de la somme prêtée, si les assignats
n'existoient plus, ou simplement si la Loi n'admettoit
plus le remboursement en assignats à l'époque de l'é-
chéance.

Il est vrai qu'il restoit au Débiteur de mauvaise foi
l'espoir de pouvoir rembourser son Créancier à l'é-
chéance avec une valeur réelle de 10 mille livres, si
les remboursemens en assignats, étant encore admis, ces
derniers tomboient à 10 pour 100. Mais cet espoir,
bien différent, en cela, de celui du Créancier, qui
avoit pour lui l'expérience du passé, étoit fondé sur
une chance de probabilité tellement mince qu'elle ne
mérite pas la peine d'être citée. Remarquez qu'il ne s'a-
git que d'Obligations à long terme ; car, on sait que
personne, presque, ne prêtoit des assignats pour deux
ou trois mois à moins d'un intérêt exhorbitant.

D'ailleurs, en supposant dans le Contrat renouvellé
cette obligation consentie de la part du Débiteur, le
Créancier avoit pour lui, non-seulement la chance
plus que probable qu'il seroit remboursé en écus,
mais il avoit de plus en sa faveur la chance de la
hausse des assignats, à l'époque du remboursement ;
en sorte que, si la totalité des chances étoit exprimée
par 100, on peut hardiment avancer que le Créancier
en avoit pour lui 99 contre une qu'il laissoit au Débi-

feur, assez insensé pour souscrire à cet Engagement usuraire.

C'est déja beaucoup que d'admettre, comme le fait le premier article de la Résolution, que le Débiteur ait pu volontairement signer un pareil engagement, à l'aide d'une stipulation expresse, mentionnée dans l'Obligation renouvelée; puisque, d'une part, la Loi ne reconnoît pas des Engagemens qui supposent de la part d'une des parties contractantes une aliénation d'esprit propre à lui donner de droit un Brevet d'Entrée aux Petites Maisons, et que d'un autre côté, tout Contrat qui emporte avec lui lésion d'outre-moitié, est sujet à rescision.

En vain, objecte-t-on qu'en remboursant au Prêteur les 40 mille livres écus, que valoient les 100 mille liv. assignats le jour du renouvellement de l'Obligation, celui-ci éprouve également une lésion d'outre-moitié, puisqu'il avoit prêté originairement 100 mille livres en écus. Cette lésion n'est pas le fait du Débiteur, c'est celui de la Loi, d'une force majeure contre laquelle aucune des Parties contractantes ne pouvoit rien.

C'est ici le cas de répéter ce que j'ai dit tant de fois, et ce qu'on ne sauroit trop répéter, pour réfuter cette objection aussi ridicule et absurde, qu'elle est baunale et sonore.

« Le Législateur, dit-on, ne doit jamais s'immiscer » dans les Contrats faits entre particuliers ».

C'est une vérité éternelle qu'aucun homme sensé ne nie; mais elle ne fait rien à la question qui consiste à savoir, non pas si le Législateur doit ou ne doit pas s'immiscer dans les engagemens des particuliers, mais ce qu'il doit faire pour réparer le mal autant qu'il est possible, lorsque très-impertinemment et très-impudemment il s'y est réellement immiscé, non seulement en remboursant lui-même tous ses Créanciers en assignats, valeur nominale, mais en forçant tous les Créanciers des particuliers, sous les peines souvent

BIBLIOTHEQUE NATIONALE R.F. ESTAMPES

atroces, de se laisser rembourser de même par leurs Débiteurs.

Soutenir que, dans cette circonstance, le Legislateur doit rester les bras croisés, et laisser les Créanciers ruiner leurs Débiteurs, en recourant aux Lois anciennes abrogées de fait pendant cinq à six ans, après que, pendant tout ce tems, d'autres Débiteurs étrangers à ces derniers ont ruiné leurs Créanciers qui n'ont rien de commun avec les premiers, et cela sous le prétexte que le Législateur ne doit pas s'immiscer dans les engagemens entre particuliers ; c'est un raisonnement aussi saugrenu que le seroit celui d'un juge de paix, chirurgien de son état, qui s'immisçant mal-à-propos dans une querelle entre deux particuliers, auroit disloqué l'épaule à l'un d'eux, et ne voudroit pas la remettre sous prétexte que les magistrats ne doivent pas s'immiscer dans les querelles des particuliers, au point de leur disloquer les épaules.

Je n'insisterai pas sur la thèse, plus absurde encore, que les Créanciers ayant été assez ruinés par les remboursemens en assignats, il est juste que les Débiteurs aient aussi leur tour : c'est comme si, après avoir ôté habit et veste aux Citoyens A, B, C, D, etc., qui forment une moitié de l'alphabet, il falloit absolument, pour l'amour de l'Égalité, mettre en chemise les Citoyens M, N, O, P, etc. qui forment l'autre moitié. Ce raisonnement Ostrogoth est cependant fondé sur deux erreurs extrêmement communes : la première consiste à confondre les Débiteurs qui n'ont pas remboursé en assignats, avec ceux qui ont eu l'adresse de le faire ; et les Créanciers qui ont été assez malheureux pour se voir remboursés ainsi, avec ceux que l'honnêteté seule de leurs Débiteurs a sauvés de ce désastre. L'autre erreur, qui est plus particulièrement relative à l'article que je combats, consiste à ne vouloir voir dans le Débiteur, qui doit des écus avant 1791, qu'un Débiteur pur et simple, tandis que la plupart des Débiteurs d'un côté sont Créanciers de l'autre, et ont éprouvé des remboursemens bien plus funestes que ceux qu'ils offrent , ou plutôt qu'ils sont en état d'offrir à leurs Créanciers d'aujourd'hui.

A ces raisons qui , aux yeux de tout homme juste et humain , seroient déja plus que suffisantes pour faire rejetter ce prétendu consentement du Débiteur d'une obligation renouvelée , à souscrire à un Engagement aussi inique , quand même il se trouveroit exprimé en toutes lettres dans l'acte , on peut en ajouter plusieurs autres également satisfaisantes.

D'abord , une somme tant soit peu considérable , comme le sont toutes celles pour lesquelles il y a eu des Contrats ou Billets de faits , payée en espèces , a aujourdihui une valeur incontestablement plus grande qu'elle n'avoit avant 1791 ; puisque , non-seulement elle rapporte un intérêt triple et quadruple , mais qu'avec elle on peut acheter une terre d'un revenu ou d'une valeur double et triple de celle qu'on auroit eue avec la même somme autrefois. Envain objecte-t-on que l'argent employé en vins et comestibles , et en général en denrées et marchandises de détail , n'a pas plus de valeur qu'avant la révolution , puisque tous ces objets sont tout aussi chers et même plus chers qu'alors. Cela n'est vrai que pour les petites sommes qui servent aux achats journaliers de la vie , et non pour celles qui servent aux grands placemens et aux emprunts , qui sont les seules dont il s'agit ici.

Cette considération sur laquelle Rœderer , Dupont (de Nemours) et tant de gens instruits ont insisté avec raison , n'a été écartée par la majorité du Conseil des Cinq-Cents , que parce que depuis un tems immémorial , on regarde la valeur du marc d'argent fin comme une valeur fixe et invariable. Ce principe est à-peu-près vrai pour les tems ordinaires , mais absolument faux pour ceux d'une grande révolution , telle que celle que nous venons d'éprouver , où la valeur des terres qui , en dernière analyse , est la base de toutes les autres , a alternativement baissé et haussé de 25 , 50 et 75 pour 100 ; où nous avons été témoins , il y a dix-huit mois, du phénomène en apparence paradoxal, quoique très-naturel par les circonstances, phénomène qui nous a montré qu'au marché on avoit de la peine à se procurer pour vingt écus un sac de bled, qu'en achetant une terre on auroit eu pour toujours à dix francs.

Dans ces circonstances, où le numéraire est si rare, où, à moins d'un intérêt usuraire, il est si difficile de s'en procurer une somme tant soit peu considérable sur les meilleures sûretés en immeubles, 20 mille écus, prêtés en 1791, en deviennent 30 et 40 mille pour le Créancier qui les reçoit comptant aujourd'hui, et encore plus pour le Débiteur forcé de les chercher.

L'autre raison qui doit engager à avoir quelque considération pour les Débiteurs des Obligations renouvellées, est le service que, par ce renouvellement, ils ont, même *involontairement*, rendu aux Créanciers qui, sans ce placement, auroient vu leurs assignats dépérir entre leurs mains. Cette considération devient majeure lorsqu'il s'agit d'époques favorables, telles que celles où l'assignat, au lieu d'être réduit à tant de capitaux pour un, ne perdoit que 40, 50 ou même 60 pour 100 ; le Débiteur qui, dans ces circonstances, au lieu de rembourser son Créancier, a renouvellé son billet, et qui, aujourd'hui, le rembourse au cours du jour du renouvellement, lui rend le double service, 1°. de lui sauver 59, 49 ou 39 pour 100 de son capital qui, en assignats, auroit été réduit au-dessous de 1 pour 100 ; 2°. de lui donner aujourd'hui ces 40, 50 ou 60 pour 100 en écus qui, placés à intérêt ou en terres, en valent 80, 100 et 120.

Je sais bien que ce service a été rendu involontairement et par le hasard des évènemens, mais ce n'en est pas moins un service réel rendu au Créancier.

Mais, dira-t-on, puisque cette Obligation de rembourser un jour en numéraire le montant des billets renouvellés, étoit si onéreuse pour les Débiteurs, d'où vient que plusieurs d'eux y ont consenti indirectement par la *clause sans novation* , ou par le rappel d'un **Titre** antérieur , mentionné dans les nouveaux Titres **ou** Billets ?

Je réponds : D'abord , par la même raison qui engage tant de Jeunes Gens , ou de Débiteurs pressés par d'autres Créanciers , à emprunter à tout prix , quoique ce prêt usuraire puisse les ruiner de fond en comble. En second lieu , d'autres Débiteurs ont fait la même sottise pour spéculer sur des marchandises qui , revendces en assignats , présentoient un bénéfice nominal de 50 pour 100 , qui , en dernière analyse , s'est réduit à une perte réelle de 99 et plus. D'autres enfin ont renouvellé , parce qu'ils n'avoient pas pour le moment des fonds , et qu'ils ne pouvoient se les procurer sur-le-champ sans vendre des immeubles avec perte. J'en ai connu , dans ce nombre , qui étoient incarcérés , et que la peur même a engagés à contracter malgré eux ces engagemens ridicules.

Tous ces motifs , loin d'être contre les Débiteurs , sont en leur faveur : aucun d'eux sur-tout ne pouvoit faire tort aux Créanciers.

On voit par-là , qu'abstraction faite du respect dû aux engagemens , qui est la base de toute société , le premier article même de la Résolution souffriroit des difficultés aux yeux de l'Homme qui ne consulteroit que l'Équité naturelle , Équité qui prononceroit une Réduction, en faveur du Débiteur, même pour les Obligations renouvellées, avec rappel exprès d'un Titre antérieur , ou avec la clause : *sans novation.*

Mais , si le principe de l'inviolabilité des Contrats force le Législateur d'exiger que toutes les clauses que contient une Obligation renouvellée , soient rigoureusement remplies , il faut au moins que ces clauses soient expressément mentionnées au Contrat.

Les vouloir induire d'écrits privés et étrangers à cet acte , d'interrogatoires sur faits et articles , c'est , non-seulement violer tout principe d'Équité et de Justice , qui veulent que les Lois de rigueur soient restreintes , plutôt qu'étendues, mais c'est ouvrir inutilement une mine inépuisable de Procès en faveur de la Chicane, Procès, dont la plupart ruineront bien des Débiteurs, sans rendre leurs Créanciers proportionnellement plus riches ; car, on peut appliquer ici la remarque que fait Buffon, dans son arithmétique morale sur les joueur : si de deux joueurs, dit-il, qui ont chacun cent francs, l'un gagne tout ce qu'a l'autre, il n'aura fait que doubler son capital, tandis que l'autre sera réduit à zéro. S'il ne lui gagne que 75 francs, il n'aura pas même doublé sa mise, tandis que son adversaire sera réduit au quart de ce qu'il avoit ; en sorte qu'en général l'Homme qu'on enrichit aux dépens d'un autre, ne gagne jamais proportionnellement à la perte que ce dernier éprouve. L'un aura un peu plus d'aisance, tandis que l'autre pourra se trouver réduit à la besace. Il n'y a d'ailleurs, comme l'observe Bentham, aucune égalité entre le plaisir de la jouissance et la douleur de la privation, ou la peine du regret.

L'interrogatoire sur-tout sur faits et articles, expression qui rappelle involontairement l'ancienne question préliminaire, ressemble tellement aux formes d'un procès criminel, que cela seul suffiroit pour le faire rejeter.

Ce qu'il y a de surprenant, c'est que cet article ait été reproduit par le Conseil des Cinq Cents, et qui plus est, approuvé par la nouvelle Commission du Conseil des Anciens, quoique d'après le rapport fait, au nom de la première Commission, par Cretet, ce même article ait été un motif du rejet de la première Résolution, du 18 floréal, comme on peut s'en assurer par le passage suivant, copié littéralement dudit rapport pages 18 et 19.

Texte de la Résolution.

A r t. X V.

« Lorsqu'une Obligation, susceptible de réduction,

(13)

,, rappellera un droit certain ou un acte antérieur, ou
,, qu'elle représentera un acte antérieur, dont la
,, Créance auroit également été susceptible de réduc-
,, tion, si elle n'est pas la suite d'un traité ou d'une
,, Transaction contenant fixation, réduction ou atter-
,, moyement, la réduction sera faite sur la première
,, Créance, et à l'époque où elle aura été contrac-
,, tée ,,.

,, L'antériorité du droit ou du titre pourra être prou-
,, vée de la manière réglée par l'article V de la Loi
,, sur les Transactions antérieures à la dépréciation du
,, papier-monnoie ,,.

Observation du rapporteur Cretet.

,, Cet article est sans objection, quant à son premier
,, paragraphe ; mais le second partage les vices qui
,, ont fait rejeter la seconde résolution, en ce qu'il ad-
,, met de prouver au-delà des termes d'une Conven-
,, tion, au moyen d'inductions, de témoins, etc. ,,.

Le retranchement des témoins dans la nouvelle Résolution, atténue à la vérité le vice radical de la première, mais ne le détruit pas.

En voilà, je crois, plus qu'il n'en faut pour prouver
la justice et la nécessité du rejet de l'article que je combats.

Je terminerai par la remarque essentielle, que la
clause qui se trouve dans quelques Obligations,
*d'un prêt sans intérêt ou à un intérêt au-dessous du taux
ordinaire* ; clause qu'on allègue en faveur du Créancier, ne prouve rien du tout.

D'abord, cette réduction d'intérêt est sans aucune
proportion avec la dépréciation de l'assignat. Quoi !
parce qu'un Créancier m'a prêté *gratis* 100 mille écus
assignats qui, alors ne représentoient que 10 mille livres espèces, et qui, en dernière analyse, se sont ré-
duits à quinze ou vingt louis, je serai forcé de lui
rembourser 100 mille écus espèces, ou trente fois la
valeur réelle de son Capital, pour le sacrifice d'un in-

térêt de 5, 10, ou 15 mille livres assignats, valant au plus cent pistoles ? Une pareille Obligation consentie seroit un véritable Acte de démence.

En second lieu, pourquoi le prêteur a-t-il consenti à cette réduction de l'intérêt ? précisément parce que le discrédit toujours croissant des assignats le forçoit de les placer à tout prix, pour se garantir d'une dépréciation ultérieure, en se réservant toutes les chances de la hausse. Ce beau motif, loin d'être en faveur du Créancier, prouve précisément contre lui.

Je ne parle pas d'une foule de ces Obligations qui portent très-expressément la clause *sans intérêt*, ou avec un intérêt de 2 pour 100, tandis qu'en réalité, l'intérêt a été ou compris dans le capital ou payé en billets à ordre.

Enfin, dans toutes ces matières de remboursement d'Obligations contractées pendant la durée du papier-Monnoie, je crois que le Législateur doit toujours avoir, sous les yeux ce principe, qu'il en est de la plupart de ces actes douteux, comme de ces vieux parchemins où l'on trouve beaucoup de pâtés et de mots illisibles sur lesquels il vaut mieux passer que de se mettre l'esprit à la torture pour en placer d'autres avec le risque de dire toute autre chose que ce qn'a écrit le notaire, ou même de faire un contre-sens.

SAINT-AUBIN.

BIBLIOTHÈQUE ROYALE

De l'imprimerie de LEPAGE, rue de Seine, n°. 901, faubourg Saint-Germain.

www.ingramcontent.com/pod-product-compliance
Lightning Source LLC
LaVergne TN
LVHW020136070726
842526LV00020B/2642